별은 하늘 글씨

조정희 동시조집

목언예원

발로 읽는 글씨

지은이 · 조정희
펴낸이 · 민병도
펴낸곳 · 목언예원

초판 인쇄 : 2015년 10월 4일
초판 발행 : 2015년 10월 9일

목언예원
출판등록 : 2003년 2월 28일 제8호
경북 청도군 금천면 선바위길 53 (신지2리 390-2)
전화 : 054-371-3544 (팩스겸용)
E-mail : mbdo@daum.net

ISBN 978-89-94733-27-2 03810

이 시집은 2015년도 경상북도 문예진흥기금의 지원을 받았습니다.

가격 : 10,000원

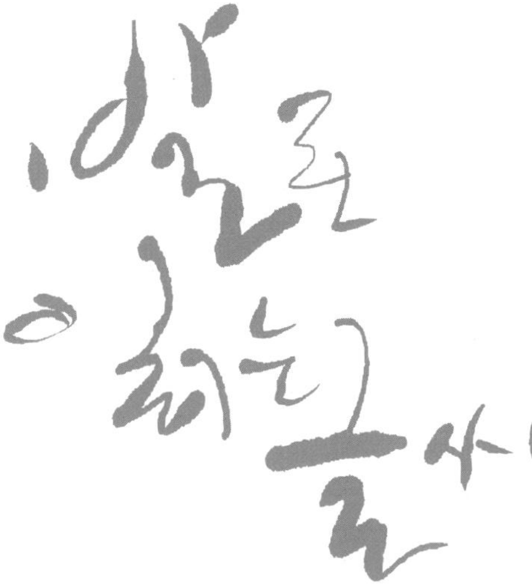

조정희 동시조집

목언예원

■ 시인의 말

첫 시집,
첫걸음을 떼는 것만큼 용기가 필요했습니다.

어려서부터 절로 말을 배우고 주위의 것들과 친숙해 지듯, 저도 모르게 시와 함께 호흡하는 매일을 살아왔다고 얘기 할 수 있습니다. 무엇보다도 기쁠 때나 슬플 때나 시라는 저만의 노래를 부를 수 있어 늘 행복해 질 수 있었습니다. 노래를 어떤 방법으로 불러야만 가장 격에 맞는 것인지 아직도 잘 모릅니다. 제 음이 바로 음치의 그것이 아니라는 확신도 없으면서 틈틈이 불러 모으다 보니 여러 편이 되었습니다. 혼자서는 흥겹게 부르던 콧노래도 막상 누가 정색을 하고 들어 보겠다면 당황 해 지듯 몰래 흥얼거리던 제 노래에 새삼 귀 기울여 주실 모든 분들 앞에 저는 몹시 두렵고 부끄러운 마음입니다. 그러면서도 곱디고운 추석빔을 머리맡에 개켜놓고 밤잠을 설치던, 어린 날의 그 아이처럼 설레는 기쁨 또한 숨길 수 없습니다.

한 번 써 놓고는 잘 돌아 보지 않았던 글들을 하나

씩 손질해 가면서 저는 시조를 쓴다는 게 얼마나 인내를 수반하는 것인지 -그것은 저 자신을 바로 세워 가는 길이라는 것을 깨닫게 되었습니다. 그러기에 저는, 시조와 더불어 살겠다는 소박한 약속을 합니다.

아직 너무나 부족하고 그래서 갈 길이 멀다는 걸 오히려 희망으로 여기며, 이 동시조집에 담긴 글들을 저와 함께 사랑을 나눈 가족과 여러 형제.지매와 이웃에게 바치고 싶습니다. 제 안에 숨겨진 동심을 보시고 깨워 주신 민병도 선생님과, 낮은 저의 노래에 귀 기울여 들어 주며 힘을 주신 문우들께 깊이 감사드립니다. 동시조집 『발로 읽는 글씨』에 공감하는 아이들을 기다리며…

2015년 가을

조 정 희

CONTENTS

발로 읽는 글씨

— 조정희 시조집

01 채송화 아장아장

꽃밭

선생님 들고 오는
카메라 보았나봐

채송화 아장아장
앞줄에 파고들자

줄 반장 봉선화 얼른
자리를 내어 주네

냉이 꽃

꽃도 없는 3월에 흰나비 왜 왔을까?
배추 심을 텃밭에 배가 고파 왔나?
하하하
그 작은 입을
얼른 열어 주는 꽃

봉숭아 씨앗

볼록한 입 안 가득
깨알 같은 유서들

읽어 주지 못한 마음
미안해 망설이다

'고마워'
급한 말들을
한꺼번에 쏟아낸다.

강아지풀

바람이 장난삼아 목잡고 흔들 때나

소나기 지나갈 땐 등 굽혀 기다리지

오요요
다시 일어나
꼬리도 흔들지

단풍나무

한 나무에 초록초록 잎 많이 키웠구나
똑같은 날개옷에 빨강노랑 색을 입혀
갈바람 기다렸다가 손 놓고 날겠구나

큰 몸에 알록달록 날개옷을 기워서
누구를 기다리는지 가을빛 따가운데
커다란 공작새 한 마리 한껏 멋을 부렸네.

할미꽃

마른 풀 더미 속에
살짝궁 숨어 있다
할머니 산소 옆에
두더지 떼로 모여
술래를 기다리나보다
해는 지고 있는데

손자 손 잡고 오는
아들이 보고 싶나
무덤가에 나와 앉아
기다리다 목이 휜
할머니, 숨바꼭질에
지쳐서 잠들었다

잎

해바라기 곱게 자라

노란 꽃이 필 때까지

아기가 어서 자라

어른이 될 때까지

땅 마음 하늘마음을

초록초록 손잡게 해

복숭아

뒷마당 복숭아가
꽃보다 곱습니다

누가 더 예뻐지나
멋 내는 여름 아침

볼연지 바른 언니보다
상큼한 향 납니다

단풍놀이

가을이 타고 오는 하행선 무궁화호

남으로 향해 가는 울긋불긋 이야기들

해님도 허리가 굽어 땅만 보고 가시네

단풍잎

초록 옷 지루할까봐

갈아입힌 색동옷

거울에 비춰보고

팔랑팔랑 춤도 추고

고사리 손 흔들면서

공주놀이 신났다

개망초

잡초도 목이 타는
서마지기 논배미 옆

기우제 지내는지
굿판을 벌이는지

온 몸을 하늘로 바치네
불 없는 하얀 소지

나팔꽃

기운찬 아침 한때 하늘하늘 차려입은
치마폭 가득히 진주구슬 달고 있네
친구와 짝을 이루어 무대라도 오를 듯이

장단도 없는 춤을 구경도 않는 춤을
바람 앞에 추더니만 풀죽어 시들하네
잠자는 사물놀이 패 나팔 불어 깨워야겠네

봉선화

예쁜 말, 고운 노래
손톱 끝에 남겨 놓고

꽃으로도 못한 말이
아직도 남았는지

말풍선
달고 있구나
조롱조롱 주머니

모기

이 보다 더 정직한
도둑을 본적 없다

피를 훔친 자리마다
표시까지 해두다니…

팔뚝에
하나 두울 셋
다리에도
넷 다섯

파리 한 마리

방실방실 아기웃음
들었다가 놨다가

포근포근 아기 단 꿈
깨웠다 재웠다가

아기 손, 한번 휘저었는데
두 손으로 빌고 있다

누에고치

먹기만 했던 것은
아기라 그랬다고

어른 되면 어울려서
제 할 일 한다더니

너만이 열 수 있는 문
어서 열고 나오렴.

돼지

살 오른 아기 돼지
재롱도 와글와글

누가 많이 먹을까?
누굴 많이 먹일까?

꿀꿀꿀 꿀맛 인가봐
꿀꺽꿀꺽 꿈을 먹네

돼지 2

어미 배에 대롱대롱
저금통 여덟 개

땡그랑 동전 소리
재 한 닢 얘도 한 닢

저금통, 똥배가 볼록
금방 부자 되겠네

고추잠자리

뱅

뱅글

뱅글뱅글

빨갛게 속이 탔나

가문 밭 종일 매는

할머니 머리 위에

구조대

빨간 헬리콥터

우르르 몰려오네

잠자리

튼튼한 해바라기
꽃 위에 앉을 때도

꽃잎 허리 다칠까봐
가느다란 발의 떨림

날개도 접지 못하고
까치발로 앉습니다

02 어깨 서로 맞대고

흰 구름

하늘이 하는 얘기
듣고 있는 것일까

그 넓은 품속에서
꿈꾸고 싶은 걸까

새 떠난
길을 더듬어
또 한 번, 산을 넘는다

낙엽

메뚜기 잠자리 떼 모두모두 잘 숨었나

지렁이 달팽이도 머리카락 보일라

참 많다, 예쁜 눈 감고 있는

빨강 술래

노랑 술래

콩밭 일기

메뚜기 방아깨비

매달리는 체력단련

느닷없는 가을 태풍

야간 훈련 이겨내고

노란 콩, 팔뚝 근육이

봉긋하게 생겼네

봄바람

1
온 동네 소곤소곤
소문내고 다니나봐
산수유 귓전에다
무슨 비밀 말을 했나
입속이 다 보이도록
시끄럽게 웃고 있네

2
매화나무 가지마다
자기들만 아는 얘기
하루 종일 재잘재잘
수다가 길더니만
누군가 말실수 했나
볼이 빨간 봄바람

손톱깎이

조심조심 물어서

톡톡톡 밥 먹는다

톡톡톡 재미나게

밥알을 씹는다

아래 위

두 개뿐인 이빨로

맛있게도 먹는다

깡통

버려진 깡통 하나

발로 차며 가는 길

누군가의 목을 축여

제 몫을 다한 생애

귀한 몸 집어 들었다

끈적이는 달콤함을

다리

큰 다리 생기면서

멀어진 칠성마을

마주보고 살면서

오가는 이 없더니

민수가 돌다리 만들어

서원천을 건넜다

추석 즈음에

–운곡정사에서

운문댐 가로수 길 붉은 감 주렁주렁

물 위에 불을 밝혀 온 동네가 환하다

고향을 물 속에 묻은

그 사람들 오고 싶겠다

가을 햇살

호박만 하나 깎아 말리기엔 아깝다

가지도 잘게 썰어 채반 위에 올려놓고

아까워,

덜 익은 고추

딸까말까 망설인다

잉어빵

누구를 믿고 왔나
황금잉어 철도 없이

바늘에 코가 뚫려
버둥대는 춤사위

물기도 핏기도 없이
소리마저 삼킨다

꼬리에 힘을 넣나
폭포를 거슬러 갈

고향집 가고 싶은
등 비늘의 반짝임

손잡고 함께 가줄 이
줄지어서 기다린다

새

귓속말 자릿자릿 혼자만 알라더니

모두 아는 비밀에 가슴만 콩닥콩닥

어디에 숨어 있었나, 귀가 밝은 새 한 마리

멍

과수원 땅바닥에

소복이 모여있다

태풍이 지나간 후

상처 난 마음들이

“우야노 우째야 하노!”

시퍼렇게 멍이든

할머니들 봄 소풍

할머니들 봄 소풍
춤 춘다 노래 한다

젊어서 더 놀자고
'노세노세 젊어서 노세'

우리들
소풍 때 보다
더 신났다.
젊어지셨다

무지개

1
이쪽으로 맞출까
저쪽으로 맞출까

빨주노초 파남보
어깨 서로 맞대고

제각기 뽐을 내어도
눈높이는 맞춘다

2
혼자선 부끄러워
친구 곁에 붙어 서서

우물쭈물 구름 뒤로
숨었다 나왔다가

용기 낸
무지개다리
아이들을 기다린다

고드름

하얀 눈 녹아내린 지붕 위 물이모여

냉랭한 바람 앞에 거꾸로 자라났네

보란 듯 우뚝 세웠네

이를 갈며 이룬 꿈

지우개

잘 못쓴 글 지우고
삐딱한 글 고쳐주고

몸 바쳐 남 좋은 일
제 몫이라 하더니만

모가 난 제 마음 까지
곱게곱게 깎았네

인절미

인절미 얻어 온 떡
달콤하고 쫀득하다

할머니 좋아 하던
떡 하나 혼자 못 먹고

코끝이 찡해지는 맛
눈물 먼저 찜했다

장맛비 온 후

온천지 초록 잎들
맑은 계곡 초록 이끼

강물이 품고 있던
초록 물 깊은 상처

빗물에 씻겨 내리네
묵은 때를 벗기네

큰언니

어젯밤 보름달이 환하게 웃더니만

옷 한 벌로 사는 언니
제 옷 벗어 입혔나

노랗게
입혀주고서
알몸으로 갔겠네

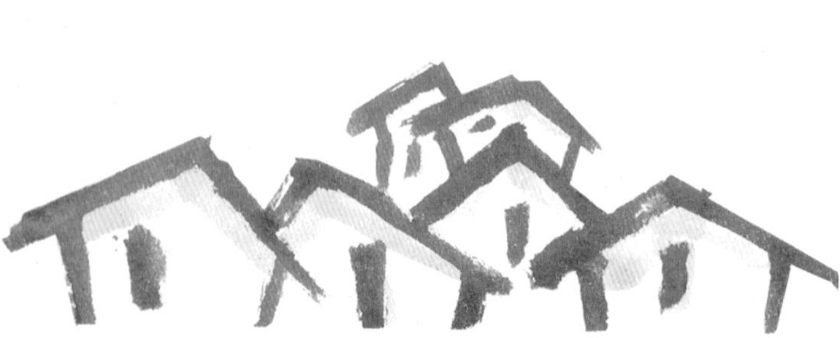

03 내 나라 우리 노래

비밀

무슨 일 있었는지
내 비밀 아는 엄마

일기장
몰래 몰래
엿보는 엄마 땜에

소원을
적었습니다
갖고 싶은 '닌텐도'

아리랑
–평화의 소녀상 앞에서

어얼쑤 흥이 나는
두루뭉술 넘어가는

내 나라 우리노래
목이 메여 못 부르네

아리랑
그 흔한 고개
허리 꺾여
못 오신 님

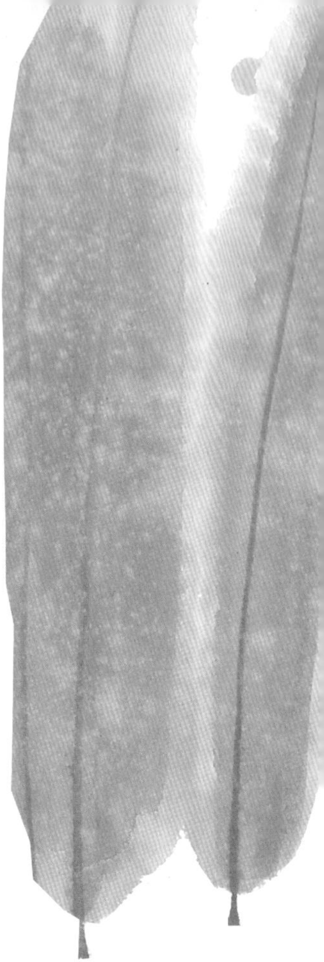

재롱잔치

밤하늘 무대 위에 아기별들 재롱잔치
금방울 은방울이
얼마나 잘 하는지

짝짝짝
달님도 구경꾼
잠 안자고 노는 밤

숨바꼭질

넓은 벌 서산 개펄
오늘은 내가 술래

숨구멍 빠끔빠끔
보이는 머리카락

잡았다
숨소리 죽여도
보나마나 땡이다

엄마친구 오신 날

사고뭉치 욕심쟁이 잠꾸러기 말썽쟁이

잘 한 건 말 안하고 야단만 치시더니

내 칭찬 늘어놓는다

엄친아 되겠다.

잠 지키기

'짱구' 만화 볼 때에도 무너지지 않는데

'애니팡' 게임에도 단단한 옹벽인데

숙제는 생각만 해도 무너진다. 와르르

괜찮아

뛰어가다 넘어져

다리에 피가 나도

찡그릴 필요 없지

아픔을 먼저 아는

"괜찮아!" 마음 달래는

엄마 말이 약 되지

목련 2

조그만 시골성당
오랜만에 아기 왔네

털모자 눌러 쓰고
보송보송 뽀얀 얼굴

포근한
엄마 품에 안겨
먼 먼 길을 왔다네

기다림

은지네 이사 가고 강아지 혼자 남아
헌책을 읽어보다 공깃돌 굴려보고
이 빠진 제 밥그릇에 남은 정 찾고 있네

귀엽다 쓰다듬던 은지에게 편지 쓰나
살랑살랑 꼬리치는 친구도 본체만체
우체통 그늘막 아래 저만 아는 글을 쓰네.

걱정나무

빵빵 차는 그 맛에 축구부에 들었다

학원도 안가고 축구공만 차는데

친구들 부러워하네 〈꿈나무, 축구 교실〉

잘 한다 참 잘 한다 칭찬도 하셨는데

실수로 깨트린 교무실 큰 유리창

할머니 한숨 쉬시네 "꿈나무가 걱정나무…"

후들후들

감나무 가지 위에 홍시 따러 올라갔다
다리가 후들후들 나무도 후들후들

못 믿어
미안한 마음
서로서로 꼭 잡았다.

가족 꽃

다섯 명 우리가족
둘러앉은 식당에서

하하하 호호호호
웃음꽃 피었나봐

'그어저 한 송이 꽃이구나야'
혼잣말 하고 간다

단풍잎 2

–다문화가족 축제

남다르게 태어난 붉은 손 아이였다

그 손 가는 곳 마다 눈들이 따라왔다

가을이

부른 아이들 모두

빨간 장갑 끼었다

무서운 것들

산성비

무섭다네

우산 쓰면 되는 것을

황사바람

무섭다네

입 막으면 되는 것을

우습네

무서운 것들

한 방이면 끝이네

한가위

나이 많은 어른들만
남아서 사는 마을

한가위 명절에
찾아온 많은 친척

우르르
잠깐 왔다가
싸악 빠져 나갔다

옹기그릇 모아 둔
장독대 같은 마을

더도 말고 덜도 말고
오늘만 같아란다

보름달, 가지도 않고
빈 마음을 채운다

감기

엄마 등에 업힌 아기
자면서도 콜록콜록

“감기야, 너도 자렴!”
다독다독 다독여도

감기는 잠들지 못하고
아기보다 더 보챈다

감기 2

국화빵 사온다는
누나마중 나가는데
장독 뒤 숨어있던 바람하나 따라 옵니다
감기가 푹 들었는지
쿨룩쿨룩 쉰 소리

재킷에 달린 모자 벗겨 가고 싶은 갠지
귀찮게 흔들면서 코까지 훌쩍입니다
따뜻한
국화빵 하나
얼른 먹여 보내야 겠습니다

꾀병

학교가기 싫은 날은
눈 비벼 꾀병 부렸지?

마음의 유리창문
얼룩이 생겼을 때

눈물로
핑계 닦아내자
맑은 마음 밝은 눈

감기 걸렸다

감기 걸려 마스크하고
놀이터 나왔더니

비둘기도 어제 밤에
이불 차고 잤는지

구 구 구
노래도 엉터리
목소리 다 쉬었네

04 엄마 얼굴 그리기

북엇국

아빠가 술 드신 날

마른 명태 잡는 엄마

팔 힘보다 더욱 세게

방망이로 두들긴다

아빠 속 풀어지라고

부글부글 끓였다

살구꽃

찬바람 눈치 보던
살구꽃
눈을 떠요

손거울 자주 보는
울 언니 얼굴에도

한가득
피어났어요
살구꽃이 오종종

동짓날

식구들 둘러 앉아
동지 팥죽 먹습니다

맛도 없는 팥죽을
손가락 접어 세며

열심히 먹었습니다
새알 하나
나이 한 살

우리 형

바람 많이 불어도

며칠만 비 안와도

벼농사 고추농사

걱정에 하늘 보면서

소풍날

장대비가 와도

눈도 깜짝 않는 형

자석

손가락 줄줄 빠는

아기가 딸려간다

물 묻은 엄마 손에

사정없이 끌려간다

상극도 아닌 것 끼리

서로 당겨 붙는다

콩 농사

철 되면 씨 뿌리고
때 되면 거두고
올 같은 가뭄에도
농사는 포기 못해
보리 벤 밭이랑 마다
콩 농사를 지어요

콩 알 하나 묻어 놓고
하늘 한번 쳐다보고
흙 한번 쓰다듬고
허리 한번 두드리고
사람 속 알아줄 거라며
다독다독 심어요

송아지

아기가 목청 높여 부른다
어무이,

놀다가도 어무이
젓 달라고 어무이

어미 소
빨리 오라고
어무이 어무이!

심심해서 어무이
답답해서 어무이

온 들을 망쳐 놓고
겁이 나서 어무이

툭하면
엄마를 찾는다
바보같이 어무이!

*어무이 : '어머니' 의 경상도 전라도 방언

엄마 얼굴

놀랐을까 화났을까
삐뚤삐뚤 긴 주름살,

엄마의 얼굴에 남은
밑그림이 희미하다

자세히 봐두었더라면
예쁘게 그렸을 텐데…

아침 풍경

깜깜해서 혼자라서 밤새도록 떨었니?

엄마가 보고 싶어 찔끔찔끔 울었니?

해님의 따뜻한 두 손
풀잎 눈물 닦아 준다

아이와 안경

아이의 뾰족 코에 얹혀서 가고 있지

아이의 작은 귀를 꼭 잡고 가고 있지

생각도 몸짓도 하나 둘이 붙어 다니지

내 이름

아빠는 이름대신
'이뿐이' 불러주고

엄마는 '공주님'
할머니는 '강아지'

내 이름
부끄러워서
똑바로 못 듣겠네

접시

1
아침엔 매운 김치 빨갛게 담아내고

저녁엔 오이무침 새콤달콤 담아내네

온갖 것 담아 내주고도 그 얼굴 반짝이네

2
시원한 수박 받침 따뜻한 만두 받침

짠맛 쓴맛 떫은맛 매운맛 다 보고도

시치미 뚝 떼고 앉은 울 어머니 닮았네

우리 집 호랑거미

가족처럼 함께 사는
우리 집 호랑거미
아빠가 늦게 오면
거미줄 검문합니다
일찍이
집에 들어오라고
호랑거미 경고장

밤이슬 맞으면서
고무줄 늘여 놓고
호랑거미 줄 놀이
빨리 놀자 조른답니다.
어릴 적
끊어 버린 줄
그 줄에 걸렸답니다.

내동생의 숙제

1학년 내 동생이
숙제를 합니다.
강아지 발자국처럼
알림장에 비뚤비뚤
'예쁘게
엄마 얼굴 그리기'
혼자서도 잘 합니다

그렸다가 지웠다가
처음으로 하는 숙제
머리카락 곱슬곱슬
두 눈은 똥그랗게
엄마를
빤히 보고 그려도
엄마 얼굴 아닙니다

어버이날 아침

1
아침 일찍 일어난 날
"우리집안 잘 될게야"

할아버지 칭찬에
어깨가 으쓱으쓱

아무리 빨리 일어나도
일등 한 번 못했다

2
언제나 같은 시간
할아버지 새벽 헛기침

엄마를 깨우는
기상 종 같았대요.

이제는 울리지 않는
종소리 그립다네요

속이 시원해

18층 살 때에는
엄마 속 시원했죠?

장난도 뛰는 것도
못하게 했잖아요

1층에
이사와 보니
제 속이 뚫렸네요

말없는 가족

할말도 많을 텐데 '쯧쯧쯧, 아이고 참~'
우리가족 대화는 너무나 간단해
아버지 흩어진 신발 툭툭 차며 들어온다

숙제 하듯 깨끗이 현관 정리 해 놓아도
말 안 해도 다 안다는 듯 '허허허 그것 참~'
'최고다, 네가 최고다' 엄지만 세워 보인다.

할머니, 보고 싶어요!

설에는 '할머니께 세배를 할 거예요'
'눈 온다. 길 얼었다.
미끄럽다. 오지 말라'
아빠는 할머니 말을 착실하게 듣는다.

여름엔 '곤충관찰, 숙제 하러 갈게요'
'장맛비 많이 온다,
날 좋으면 오너라.'
엄마는 할머니 말을 착하게 잘 듣는다.

내 생일 '오월구일, 할머니가 오실 거예요'
'농사일 바쁘신데
조용 할 때 오세요.'
귀 어둔 우리할머니 엄마 말은 잘 듣는다.

아버지와 가로등

가로등 뒷모습은 언제나 흑백사진
국화 향 달콤함에 잠깐씩 몸을 눕혀
새벽을 기다렸다가
지친 얼굴 반겼을

을반을 자청하여 밤일을 하고 오는
아버지 등을 밀던 가로등 긴 그림자
하얗게, 꽃이 지던 아침
가로등도 함께 잤다

*을반 : 야간반

할아버지와 감나무

여름 태풍 못 견디고
넘어진 감나무

어깨를 다독이며
안아 주던 할아버지

다리 힘
튼튼해지라고
목발 두 개 받쳐줍니다

05 혼자 가는 등굣길

해

잘난 척 않을 거야

매일 일등 한다 해도

결코 울지 않을 거야

내가 매일 꼴지라도

여름 해

구름에 가려도

숨이 차게 달리네

발로 읽는 글씨
–장애학교 앞에서

노란색 보도블럭
조심조심 걷는 아이

지팡이 앞세워서
작은 발로 읽는 글씨

'앞으로 계속 가시오'
똘똘하게 읽는다

가르치는 선생님도
발로는 못 읽는 글씨

신호를 기다리는 이
눈뜨고도 못 읽는

'멈추어 기다리시오'
정확하게 읽는다

모과

신나는 풍선놀이
얼마나 들떴을까

아이들이 놓쳐버린
연노랑 고무풍선

날 새면 찾아가라고
주렁주렁 걸어뒀다

참깨

엄마가 볶습니다
참깨를 볶습니다
달달달 달달달달
참깨들 톡! 톡! 톡!
발 동동 굴러보다가
풀쩍풀쩍 달아납니다.

엄마가 볶습니다
나만 보면 볶습니다
달달달 달달달달
“책 좀 봐라, 숙제 해라”
도망도 못가는 나를
고소하다 놀립니다.

씨

호박씨 배추씨,
대추씨 감씨, 배씨

야채도 씨가 있네
과일도 씨가 있네

덜 익은
김씨, 이씨, 박씨, 정씨
우리반 씨가 여물고 있네

눈 온 날

운동장 흰 도화지
큰 그림 그려보자

실수도 겁 안 나는 미술시간, 또 있겠니?

다 같이
힘 모아 그리자
큰 꿈을 그리자

눈 온 날 2

애들아, 저 운동장
오늘 한 번 망쳐보자

넘어져도 신나는 날 언제 또 있겠니?

망치자, 망쳐 버리자.
마구마구 뛰어보자

벚꽃

운동장 가장자리 벚꽃 잎들 춤을 추네

토슈즈 하얀 드레스 제대로 갖춰 입고

바람에 몸을 맡기며

'백조의 호수' 공연 중!

목련

계집애 여럿이서 공기놀이 하나보다

잇속까지 하얀 웃음
까르르 깔깔깔깔

얼마나 재미있으면
손 어는 줄 모르나

초침이 시침에게

임마야, 날 좀 봐라

같이 가면 안 좋겠나

그렇게 농땡이 치고

졸기만 할 거라면

내 갈길 혼자 갈란다

모르는 척 할 거다

숙제하기

봄방학 그림 숙제
'엄마 얼굴' 그려오기
도와주는 형도 없이
눈은 짝 눈, 입은 삐뚤
하지만
뭐가 좋은지
엄마 입은
빙그레

안개는

아무것도 보지 마라
가는 길을 가로막아

친구도 못 만나고
혼자 가는 등굣길

교문 앞 아이들 소리에
슬그머니 꼬리 내린다

끈

달리기 시작 전에

운동화 끈 꽁꽁 묶었지

발등이 아프도록

마음 끈 조였었지

학교가 싫어질 때는

친구 손이 끈 되지

우리 집 시계

자장자장 어젯밤엔
자장가 불러 주더니

째깍 째깍,
오늘 아침
잔소리 늘어졌다

일초도 쉴 틈 안주고
빨리 학교 가라 한다.

신짜오!

떠들썩한 하굣길에
우리 반 응웬투이

아무도 아는 척 않고
말도 걸지 못하는 애

'신짜오'
내 서툰 인사
모두 같이 웃었다

*신짜오 : 베트남 인사말

우리 선생님

약속을 잘 지키면 하트 표 하나요
착한 일 한 번하면 하트 표 둘이요
덧셈만 계속 하는데
더 바라는 선생님

학교지각 한 번에 하트 빼기 하나요
숙제를 안 해오면 하트 빼기 둘이요
다 빼고
남은 게 없어
손 하트 표
뿅뿅뿅

혼자서 가는 길

그 녀석과 어울려
긴 이야기 하고픈데
한마디 해보려면
얼굴부터 빨개진다.
입 말라
하늘 한 번 쳐다보고
병아리 침 삼키고

다 못한 말들 남아
목구멍 근질근질
혼자서 가는 길에
돌멩이나 걷어차고
언제쯤
이야기 주머니
조잘조잘 풀릴까?

무게

“샘~” 하고
부르는 친구를 보고 있으면

가까운 사이 같고
버릇없는 몸짓 같고

가볍다 무거워지는
흔들흔들 속마음

“선생님~”
부르는 친구를 보고 있으면

멀어진 사이 같고
예의바른 몸짓 같고

샘했다 선생님 했다
변덕심한 내 마음

CCTV

아이들 학교 길이 태산보다 큰 걱정

선생님 엄마 아빠 대신해서 지켜주는

호랑이 이빨도 없이 골목마다 앉았다

칠판지우개

하얀 글씨 가득한 칠판을 지우는 일
눈물을 닦아주는 손수건 건네는 일
환하게 함께 웃자면
소중한 나 버려야 하지

동생을 울리고 친구를 따돌린 일
부끄러운 기억을
지우는 지우개 하나

서로를 닦고 털어 줄
친구 되면 좋겠다.

작품해설 06

자존심 내려놓기와 흔들리는 풀꽃 읽기

/민병도

자존심 내려놓기와 흔들리는 풀꽃 읽기

민 병 도 | 시인, 한국시조시인협회 이사장

1.

두말할 나위도 없이 동시는 동심의 세계를 표현한 시를 일컫는다. 따라서 동시조는 동심의 세계를 민족 고유의 정형시인 시조의 형태미에 담아낸 문학 장르다. 물론 여기서 말하는 시조의 정형률은 동요의 그것과는 달리 3장 6구 12음보라는 형식질서로 제한성이 있어 상당한 연마과정을 요구한다. 따라서 어린이다운 생각을 바탕으로 어린이들이 쉽게 이해할 수 있는 언어와 단순명료한 감성지수를 담아내되 시조의 형식미가 잘 표현되어야 생명력 있는 동시조가 될 수 있다. 과정상으로만 보면 동시적 감성의 확보와 시조의 오랜 형식미 연마과정까지 거쳐야하는 동시조의 길은 결코 쉬운 일이 아니다.

우리나라 시조의 역사는 고려말엽으로 잡더라도 최소한 700년이 넘는다. 거기에 비하면 동시조의 역사는 부끄러울 정도로 일천하다. '아동시조'라는 단어가 1940년대에 등장하였고 본격적으로 동시조가 쓰이기 시작한 것은 1960년대에 들어와서이기 때문이다. 최초의 동시조집이 발간된 것도 1979년 정완영 선생의 『꽃가지를 흔들듯이』이고 보면 아직도 걸음마 단계라 하지 않을 수 없다. 물론 여기서 말하는 '동시조'는 단순히 어린이들이 쓰는 '어린이 시조'와는 구별이 된다.

하지만 동시조의 발전 가능성은 무궁무진하다. 우선은 동심이라는 인류 공통의 순수성과 희망이라는 가능성이 지닌 무한한 가치 때문이고 그 다음은 시조라는 세계 유일의 형태미가 지닌 가치의 독자성 때문이다. 지금과 같이 인류문화의 글로벌화가 가속화된다면 우리가 지금껏 겪었던 것처럼 처음에는 낯선 문화에 대한 새로움에 잠시 현혹될 수도 있겠지만 종내는 독자적인 문화양식만이 견뎌낼 수 있을 것이다.

다만 지나친 우월적 접근으로 형식화 내지 논리화된 자기 카타르시스나 동심의 흉내에 머문 동시조 창작이라면 경계를 하지 않을 수 없다. 동심에는 무궁무진한 상상력이 내재되어 있고 상상초월의 창의성이 담보되어 있다. 따라서 그 모든 가능성에로의 열린 생각과 참되고 의로운 행동을 이끌어내는 미래의 길라잡이가 되는 작품을 쓰는 일이 우선되어야 할 것이다.

2

조정희는 동시조를 전문으로 쓰는 시인으로 이번에 내는 『발로 읽는 글씨』가 첫 시조집이다. 고향에서 다문화가정의 풍토적응을 위한 봉사와 응용 프로그램의

실천과정을 감당하면서 항상 많은 어린이들과 접하고 소통방식을 강구해왔다고 한다. 그런 체험과정에서 바람직한 동심의 지향점과 유년시절의 자기 체험을 통한 가치관의 정립이라는 명분 앞에서 자신을 돌아보게 된 것으로 보인다. 다시 돌아본 유년시절의 의미와 새로운 환경 앞에서 혼란스러워하는 아이들에게 들려주고 싶은 생각들이 이번 시조집에서 다양한 모습으로 꽃을 피우고 있다.

조정희의 동시조에는 특히 자연물이 많이 등장한다. 그 가운데서도 풀꽃들을 소재로 한 작품들이 많은데 아마도 그것은 시인의 성장환경과 무관하지 않을 것이다. 대체로 풀꽃이나 들풀 같은 식물들은 자연의 변화에 순응하면서 자신에게 주어진 생명을 능동적으로 살아간다는 공통점이 있다. 그러한 모습들이 주는 본보기들이 시인의 잠재의식 속에 내재된 식물성 언어들을 원고지 위로 끄집어내지 않았나 생각된다.

우선 「개망초」를 한 번 읽어보자.

잡초도 목이 타는
서마지기 논배미 옆

기우제 지내는지
굿판을 벌이는지

온 몸을 하늘로 바치네
불 없는 하얀 소지
　　　　―「개망초」 전문

개망초는 우리나라 전역의 들판에서 흔하게 자라나서 하얗게 꽃을 피우는 국화과의 두해살이 풀이다. 그런데 조정희가 이 개망초에서 보고자 한 것은 단순히 꽃 그 자체가 아니라 개망초로 연상되는 목 타는 농민의 안타까운 마음이다.

개망초가 피는 시기는 대체로 농작물들에게는 물이 많이 필요로 하는 계절이다. 그런데 요즘과 달리 수리시설이 변변찮았던 시인의 유년시절이라면 언제나 가뭄과의 대결이 겹쳐진다. 그러기에 웬만해서는 가뭄에 잘 견디는 '잡초도 목이 타는/ 서마지기 논배미 옆'에 흐드러지게 피어있었던 개망초를 보노라면 '기우제 지내는지/ 굿판을 벌이는지' 온통 하얗게 모여 있던 동네사람들의 모습이 떠올랐던 것이다. 아마도 타들어가는 농민들의 마음을 달래기 위해 '불 없는 하얀 소지'처럼 자신의 '온 몸을 하늘로 바치'는 몸짓으로 보았던 모양이다.

요즘 아이들같이 어려운 농촌 환경을 체험해보지 못한 경우라면 다소 지나친 상상이며 비약이라고 생각할 수도 있겠으나 체험을 바탕으로 한 감성문학의 소재라는 점에서 보면 구태의연한 수사에서 벗어나 시적 상상력을 확장시켜주었다는 점에서 성공적으로 읽혀진다.

시적 대상에게서 사람의 모습을 읽어낸 작품들 가운데「목련 2」 또한 조정희의 심상을 짐작하기에 충분하다. 이 작품 또한 이른 봄 시골 성당 한 쪽에 피어오른 목련을 스케치한 소품에 지나지 않는다. 그런데 이 단순한 스냅사진 같은 작은 장면 하나에 시인의 사색은 의외로 깊어져 있음을 보게 된다.

조그만 시골성당
오랜 만에 아기 왔네

털모자 눌러 쓰고
보송보송 뽀얀 얼굴

포근한
엄마 품에 안겨
먼 먼 길을 왔다네

–「목련 2」 전문

초장의 전구에 '조그만 시골 성당'이라고 명시해뒀으니 장소는 이미 드러나 있고 다만 '오랜만에 아기 왔네'라는 후구가 상당히 생소한 채 자리하고 있다. 그런데 이 생소함은 중장에 가서도 도무지 풀이지지가 않는다. '털모자 눌러 쓰고/ 보송보송 뽀얀 얼굴' 까지 읽으면 정말 성당이라는 특수성과 어울려 두고 간 아기라도 발견한 것이 아닐까 하는 궁금증을 갖기에 충분하다. 어쩌면 독자적 상상력을 이끌어 내기위한 낯설게 하기의 입문적 수사가 아닐까 여겨진다.

그런데 종장에 가서도 그 물음은 쉽게 해결책을 제시해 주지 않는다. '포근한/ 엄마 품에 안겨/ 먼 먼 길을 왔다' 는 아기의 실체는 '목련' 이라는 제목을 확인하고서야 풀리도록 계산해 두었기 때문이다.

이처럼 조정희의 의인화 기법을 통한 상상력의 확장과 묘사의 참신성은 차별화된 장점으로 읽혀진다. 다만 지나친 과장표현, 도식적 묘사에만 치우치게 되면 시인의 감성을 통한 소통과 참다움에 대한 발견의 기회를 잃을 수 있다는 점에서 절제와 균형의 조화가 필요하다 하겠다.

꽃을 대상으로 하면서도 각도가 확연히 차이나는 작품으로 「꽃밭」이 있다.

> 선생님 들고 오는
> 카메라 보았나봐
>
> 채송화 아장아장
> 앞줄에 파고들자

줄반장 봉선화 얼른
자리를 내어 주네
–「꽃밭」 전문

키 작은 채송화가 맨 앞에 피어있고 그 뒤로 비교적 키가 큰 봉선화가 어우러져 있는 평범한 꽃밭의 모습이다. 그런데 그 모습을 '앞줄에는 채송화가 피고 그 뒤로는 봉선화가 피어 있다' 라고 표현하였으면 산문은 될지 몰라도 감성이 생명인 시는 되지 않는다. 시인의 감정이 들어가지 않았기 때문이다. 그래서 학교안의 한 모습으로 바꾸어 채송화도 봉선화도 같은 반의 급우들로 역할을 맡겨놓은 것이다.

'아장아장/ 앞줄에 파고' 드는 채송화는 자기의 모습을 보다 더 잘 보이게 하려고 자꾸만 앞으로 조금씩 발을 뻗는다. 물론 봉선화는 키도 크고 꽃모양도 크니까 '줄반장' 의 역할을 부여하였다. 그런데 의당 덩치가 크니까 앞쪽으로 나서거나 마지못해 자기자리에 서는 그런 역할이 아니다. 키 작은 채송화에게 '얼른/ 자리를 내어 주' 는 양보의 미덕을 지닌 모범생이었던 것이다. 시인이 주목한 부분이 바로 이 대목이다. 서로 좋은 공간을 차지하겠다고 여기저기 뒤엉켜 피었더라면 키가 작은 채송화 같은 것은 눈에 드러나지도 않았을 것이다.

그런데 문제는 어린 아이들에게 어찌 이 같은 사회성,

성숙성, 양보심을 강요할 수 있겠는가. 그래서 시인은 묘안을 낸다. '선생님이 들고 오는/ 카메라'를 생각해낸 것이다. 아직은 선생님의 카메라에 잘 나오게 사진 찍히는 일이 더 우선인 일이며 더 즐거운 일이라고 여기는 나이들이기 때문이다. 지극히 평범한 소재에서도 동심을 잘 포착해내면 감동적인 작품이 될 수 있다는 점을 이 동시조는 모범답안으로 제시해주고 있다.

3

시에 있어서 자연물을 관찰하여 아름다움을 표현하는 일은 단순히 자연물의 아름다운 모습을 존재적으로 인정하는 과정만은 아니다. 사물마다 지닌 차별적 아름다움과 추함, 좋아함과 싫어함의 상호교호작용에 의한 자기 선호도 탐색과정과 궤를 같이 한다. 말하자면 일종의 자기 보신적 언어실험에 다름이 아니다.

이 같은 견지자적 입장에서 사물에 접근한 많은 시편들 가운데서도 조정희가 적극적으로 경계하고 긴장감을 유지하는 작품들이 몇 편 보이는데 「모기」,「손톱깎이」 등이 특히 눈에 띈다.

이 보다 더 정직한
도둑을 본적 없다

피를 훔친 자리마다

표시까지 해두다니…

팔뚝에
하나 두울 셋
다리에도
넷 다섯

―「모기」 전문

동시조가 일상에서의 동심을 창조적으로 확대 재생산하여 생각의 폭과 깊이를 넓혀줌으로써 독자로 하여금 본성회복에 접근하도록 한 문자장치라고 본다면 「모기」에서 보여준 조정희의 시적 발상은 주목을 끌기에 충분하다. 모기에 대한 일반적인 인식은 대체로 부정적이다. 우선은 피부를 물어서 상처 나게 하고 여러 가지 병원균을 옮겨서 몸을 병들게 하기도 하는 귀찮고 짜증스러운 해충일 뿐이다.

하지만 여기서 조정희는 아주 다른 시각으로 모기를 바라보고 있다. 되도록 보드라운 피부를 찾아 보기에도 흉칙한 긴 침을 꽂아 피를 빨아먹는 해충이지만 '피를 훔친 자리마다/ 표시까지 해두'는 양심에 고마워하고 있는 것이다. 더 나아가 '이 보다 더 정직한/ 도둑을 본 적이 없다'며 감격해 한다. 물론 얄미운 짓을 일삼는 모기의 행동에 대한 역설적 표현이다. 그것은 종장에 오면 더욱 확연해진다. '팔뚝에/ 하나 두울 셋/ 다리에도/ 넷 다섯' 군데나 물렸으니 너무나 화가 날만한데 그 화를 이기는 방법으로 모기에 대해 긍정적으로 접근을 한 것이다. 이러한 조치는 절망적인 상황을 대처하는 성숙한 삶의 모델이라는 점에서 마음을 따뜻하게 만든다.

어떤 사물과의 교감에서 자신만의 결론을 도출하는 일은 시를 쓰는 가장 기본적인 접근과정이라 할 수 있다. 그런데 그 결론에 이르기 위해서는 상대하는 사물을 자신과 같은 사람으로 환치시키거나 자신을 대상물로 바꾸어 서로를 비교해보는 방법이 효과적이다. 서로의 호흡이 다르고 서로의 몸짓이 다른 상태에서는 비교 자체의 객관성을 담보할 수가 없기 때문이다.

조정희는 대부분의 대상물을 본디의 존재개념으로 읽는 대신 사람의 경우로 바꾸어서 답을 구하는 방식을 취하고 있다. 「손톱깎이」도 여기에 해당된다. 식물이나 동물의 경우는 대체로 물아일체의 감정이입으로 자신의 물음에 대한 대답을 구하기 쉬운데 손톱깎이 같은 기물에게도 여지없이 사람의 생명력을 불어넣는 것이다.

> 조심조심 물어서
>
> 톡톡톡 밥 먹는다
>
> 톡톡톡 재미나게

밥알을 씹는다

아래 위

두 개뿐인 이빨로

맛있게도 먹는다

—「손톱깎이」 전문

'조심조심 물어서/ 톡톡톡 밥 먹는다'라는 초장부터 기발하고 새로운 발상에 대한 기대를 부풀게 한다. 중장의 '톡톡톡 재미나게/ 밥알을 씹는다'에 이르기까지 손톱깎이는 지금 맛있는 식사를 하고 있다. 제목을 떼버리고 읽는다면 전혀 손톱깎이에 대한 표현이라는 추측도 할 수 없을 정도다. 참으로 기발한 발상이 아닐 수 없다.

그리고 끝까지 '아래 위/ 두 개뿐인 이빨로/ 맛있게도 먹는' 것으로 마무리를 지우고 있다. 아마도 그럴 것이다. 생각을 조금만 바꾸어 보면 손톱깎이에게 손톱은 밥이나 다름이 없다. 길고 보기 흉한 손톱이지만 그마저 없으면 손톱깎이는 굶을 수밖에 없는 것이다. 이처럼 동심은 무궁무진한 상상력의 하늘이자 천차만별의 꽃나무가 자라날 동산과 같은 것이다.

4

아이들의 생각과 행동에는 상상하지 못할 만큼의 간격이 있기 마련이다. 그만큼 아이들에게는 경험하지 못한 낯선 상황들이 많다는 뜻이다. 어른들은 경험이나 학습법칙에 의해서 행동의 결과가 예측될 수 있지만 어린이들의 경우는 자기 행동의 결과를 전혀 예측할 수 없다는 점에서 크게 차이가 난다. 그러므로 아이들의 행동은 결과만을 가지고 평가하거나 나무랄 수가 없는 것이다.

뻥뻥 차는 그 맛에 축구부에 들었다

학원도 안가고 축구공만 차는데

친구들 부러워하네 〈꿈나무, 축구 교실〉

잘 한다 참 잘 한다 칭찬도 하셨는데

실수로 깨트린 교무실 큰 유리창

할머니 한숨 쉬시네 "꿈나무가 걱정나무…"

–「걱정나무」 전문

「걱정나무」도 세간의 갈등심리를 예리하게 파고들어서 어른들의 보편적인 논리의 모순을 돌아보게 하는 작품이다. 처음엔 그냥 축구공을 '뻥뻥 차는 그 맛에 축구부에 들'어서 '학원은 안 가고 축구공만 차는데/ 친구들 부러워 하'는 〈꿈나무 축구교실〉의 주인공이 되었다고 우쭐해 하였다. 주위에서 너무도 흔하게 보아왔던 광경가운데 하나일 뿐이다. 그리고 때로는 주변으로부터 '잘 한다 참 잘 한다 칭찬도' 듣고 장차 국가대표가 되는 꿈도 꾸고 세계적인 축구선수가 되어보겠다고 열심히 땀을 흘리게 된다.

그런데 이를 어쩌랴. 공을 차다가 '실수로 깨트린 교무실 큰 유리창' 때문에 "꿈나무가 걱정나무"라며 한숨 쉬는 할머니 앞에서 너무도 작아지는 모습이 슬프면서도 재미나게 묘사되어 있다.

이 작품의 극적 효과는 둘째 수 종장의 '할머니 한숨 쉬시네'에 모아져 있다. 걱정하는 사람이 어머니도 아버지도 아니고 할머니라는 점에서 결손가정이라는 사실이 드러나고 할머니 손에 자라는 아이임이 밝혀졌기 때문이다. 보편적 체험의 한 상황극처럼 이끌어간 또 다른 전개과정이 앞으로의 다양성을 기대하게 해주기에 충분하다.

이번 동시조집에서는 표제로 사용한 『발로 읽는 글씨』처럼 장애우나 다문화 가족, 결손 어린이들에게 내

미는 화해와 소통의 손길을 여러 군데서 찾아볼 수가 있다. 이러한 마음씨야말로 동심의 가장 자랑스러운 미덕이자 가치덕목이라 할 수 있겠다.

노란색 보도블럭
조심조심 걷는 아이

지팡이 앞세워서
작은 발로 읽는 글씨

'앞으로 계속 가시오'
똘똘하게 읽는다

가르치는 선생님도
발로는 못 읽는 글씨

신호를 기다리는 이
눈뜨고도 못 읽는

'멈추어 기다리시오'
정확하게 읽는다

이 작품은 '-장애학교 앞에서'라는 부제가 붙은 「발로 읽는 글씨」 전문이다. 이미 부제에서 밝힌 대로 흰

색 지팡이를 짚고 신호등 앞에 서서 맹인용 보도블록에 새겨진 점자용 글씨를 발바닥의 감각으로 읽어가는 광경이 눈앞에 선연히 다가온다. 흔하게 볼 수 있는 광경이지만 시인이 이 상황을 주의 깊게 본 것은 비장애인들보다도 훨씬 더 정확하고 교통법규 또한 엄격히 지킨다는 사실이다.

눈에 훤히 보이는 붉은 신호등도 예사로이 무시하고 하얗게 선이 그어진 횡단보도도 벗어나는 비장애인들보다 오히려 더 신중하고 더욱 정확하게 지키기 때문이다. '앞으로 계속 가시오' 또는 '멈추어 기다리시오'를 한 치도 어김없이 지켜내는 모습을 보면서 신체의 장애보다 마음의 장애가 더 부담스럽고 위험하다는 사실을 주장하고 싶었던 것이다. 그리하여 비장애인들에게는 경종을, 장애우들에게는 박수를 보내고 싶었으리라.

그런가하면 흔히들 숙제나 미술시간에 그리는 엄마 얼굴을 통해 간접적으로 그리움을 나타낸 작품도 눈에 띈다.

> 놀랐을까 화났을까
> 삐뚤삐뚤 긴 주름살,
>
> 엄마의 얼굴에 남은
> 밑그림이 희미하다

자세히 봐두었더라면
예쁘게 그렸을 텐데…
–「엄마 얼굴」 전문

생각나는 엄마 얼굴을 도화지에 꽉 차게 그리고 크레파스로 칠하여 화면을 다 메웠는데 왠지 마음에 들지 않는다. '삐뚤삐뚤 긴 주름살'은 내가 사고를 쳐서 '놀랐을' 때나 '화났을' 때의 모습이 아닌가. 가만히 다시 떠올려 기억을 되짚어 봐도 '엄마의 얼굴에 남은/ 밑그림이 희미'할 뿐이다. 여러 가지의 상황으로 보면 시점이 또렷하지가 않기 때문에 다소 낯설게 다가오지만 종장을 읽노라면 금방 그 의문이 풀린다.

'자세히 봐두었더라면/ 예쁘게 그렸을 텐데…'라고 하는 아쉬움과 안타까움이 그 대답이다. 정황으로 보아 지금은 어머니가 곁에 안계시기 때문이다. 그 연유까지 밝혀 두지는 않았지만 분명한 사실은 엄마를 '자세히 봐두'지 못한 상태로 지금은 그 기회마저 주어지지 않는 처지임에 틀림이 없다.

이 짧은 단형시조 한 수에 상당히 긴 시간과 공간이 자리하고 있음도 눈여겨 볼 대목이다. 놀랐을 때의 모습, 화났을 때의 모습, 그리고 삐뚤삐뚤한 긴 주름살, 희미한 얼굴의 밑그림이 기억하는 엄마의 시간과 공간들이 모두 함께하고 있다. 그리고 그런 기억들은 '자세히 봐두'지 못한 진한 아쉬움과 그리움을 확장시키는

축매로 활용되고 있다.

엄마와 관련한 작품 가운데 「참깨」는 또 다른 상상력의 재미를 안겨주고 있다.

엄마가 볶습니다
참깨를 볶습니다
달달달 달달달달
참깨들 톡! 톡! 톡!
발 동동 굴러보다가
풀쩍풀쩍 달아납니다.

엄마가 볶습니다
나만 보면 볶습니다
달달달 달달달달
"책 좀 봐라, 숙제해라"
도망도 못가는 나를
고소하다 놀립니다.

이 작품은 일반적인 가정에서 흔히 만날 수 있는 엄마의 깨 볶는 광경이다. 시상의 전개과정 또한 특별한 비약이나 낯선 시어의 등장도 없다. 그러함에도 읽고 난 느낌은 깨를 볶아 풍기는 고소함만큼 재미가 한 바가지다.

첫 수에서는 깨 볶는 모습을 사실적으로 묘사하고 있

다. '엄마가 볶습니다/ 참깨를 볶습니다'로 시작하여 '풀쩍풀쩍 달아납니다'에 이르기까지 온통 참깨를 저어가며 볶는 작업의 사실적 묘사뿐이다. 다만 여기서 '발동동 굴러보다가' 뜨거워서 '풀쩍풀쩍 달아'나는 참깨에게 생명력을 부여하여 현장감을 드높임으로서 시적 공간으로 바꾸어 놓았다는 점에 주목할 필요가 있다.

그런데 정작 이 작품의 묘미는 둘째 수에 있다. 이번에는 엄마가 깨를 볶는 것이 아니라 시적 화자인 '나만 보면 볶'아대는 것이다. 깨를 볶는 첫 수에서의 연상작용으로 '책 좀 봐라/ 숙제해라'며 '달달달 달달달달' 볶아대는 꾸지람이 떠올랐기 때문이다. ' 도망도 못 가는 나를/ 고소하다 놀'리며 볶아대는 엄마의 원망스러우면서도 사랑스러운 잔소리를 받아들이는 자세가 얼마나 대견스러운가. 읽는 이로 하여금 입가에 빙그레 미소를 띠게 하고 마음마저 훈훈하게 만들어 준다.

5

지금까지 조정희 시인의 첫 동시조집 『발로 읽는 글씨』를 첫 번째 독자의 입장에서 읽었다. 문단 연조에 비해 작품의 양과 질에서 모두 만만찮은 성과로 보인다. 입문과정에서 흔히들 보이는 모습이긴 하지만 일상의 주변에 놓인 사물들에게서 시적 동기를 일깨우고 발아하는 감성들을 언어로 환치하는 노력의 흔적들을 함께 느낄 수 있었다.

소재의 특성과도 연관이 되겠지만 조정희의 언어는 상대적으로 식물성이며 긍정적인 지향점을 지녔다. 하지만 결코 존재론적 수용이나 묵인, 방조 같은 소극적 긍정이 아니라 계산된 창조적 전개를 전제로 하고 있다. 실존적 공간을 바탕으로 하되 그 자체의 언어적 재현이 아니라 작품마다 향상된 삶과 꿈이 내장되어 있기 때문이다. 이는 예리한 관찰력과 돋보이는 언어감각, 웅숭깊은 은유와 함께 조정희 동시조의 미덕이라 하겠다.

하지만 이번 시집 발간을 계기로 새로운 지향점을 설정한다면 앞으로는 보다 더 깊은 관찰과 사색으로 개별적 철학이 잠재된 개성 확보에 맞춰야 하리라 여겨진다. 아름다운 꽃을 아름답다고 표현한다는 것은 꽃과 자신과의 소통의 과정이며 수단이지 형이상학적 창조가 될 수 없기 때문이다. 꽃이 자연의 철리에 따른 열매 맺기의 과정임을 외면한다면 결코 순리에 접근할 수가 없기 때문이다.

이번 시집을 계기로 지나친 조바심을 떨쳐버리고 자신만의 새로운 세상을 찾아 순항하기를 기대하면서 축하의 박수를 보낸다.